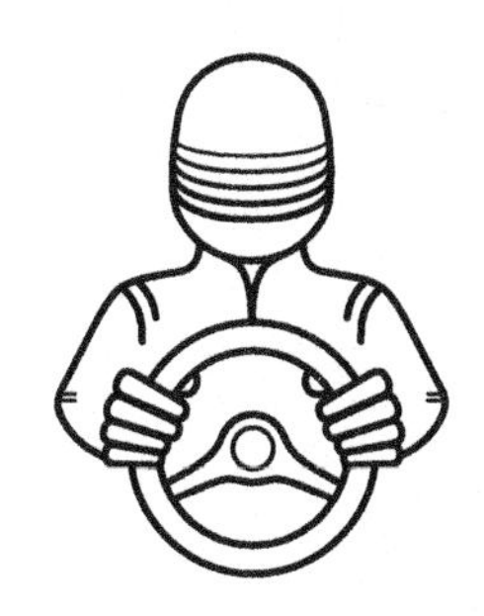

THIS LOGBOOK BELONGS TO:

MY SETUP :

CONTENTS

USER GUIDE : TRACK INFOS

TRACK : Monza,... CAR CATEGORY : GT3, F1... GAME : ACC, PC2...

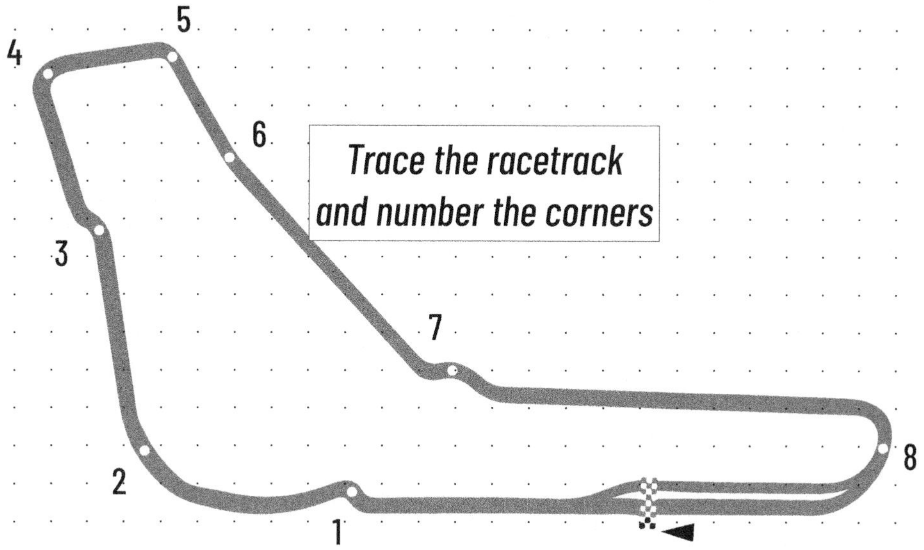

5
4
6
Trace the racetrack
and number the corners
3
7
8
2
1

My Track Record

NOTES :

Write down informations for each corners :
racing lines, braking markers (150,100,50m), Apex points, gear
and everything you need to improve your lap times.

USER GUIDE : SKETCH

You can use the Sketch Blank Pages to draw some corners, trace the driving line and add physical markers

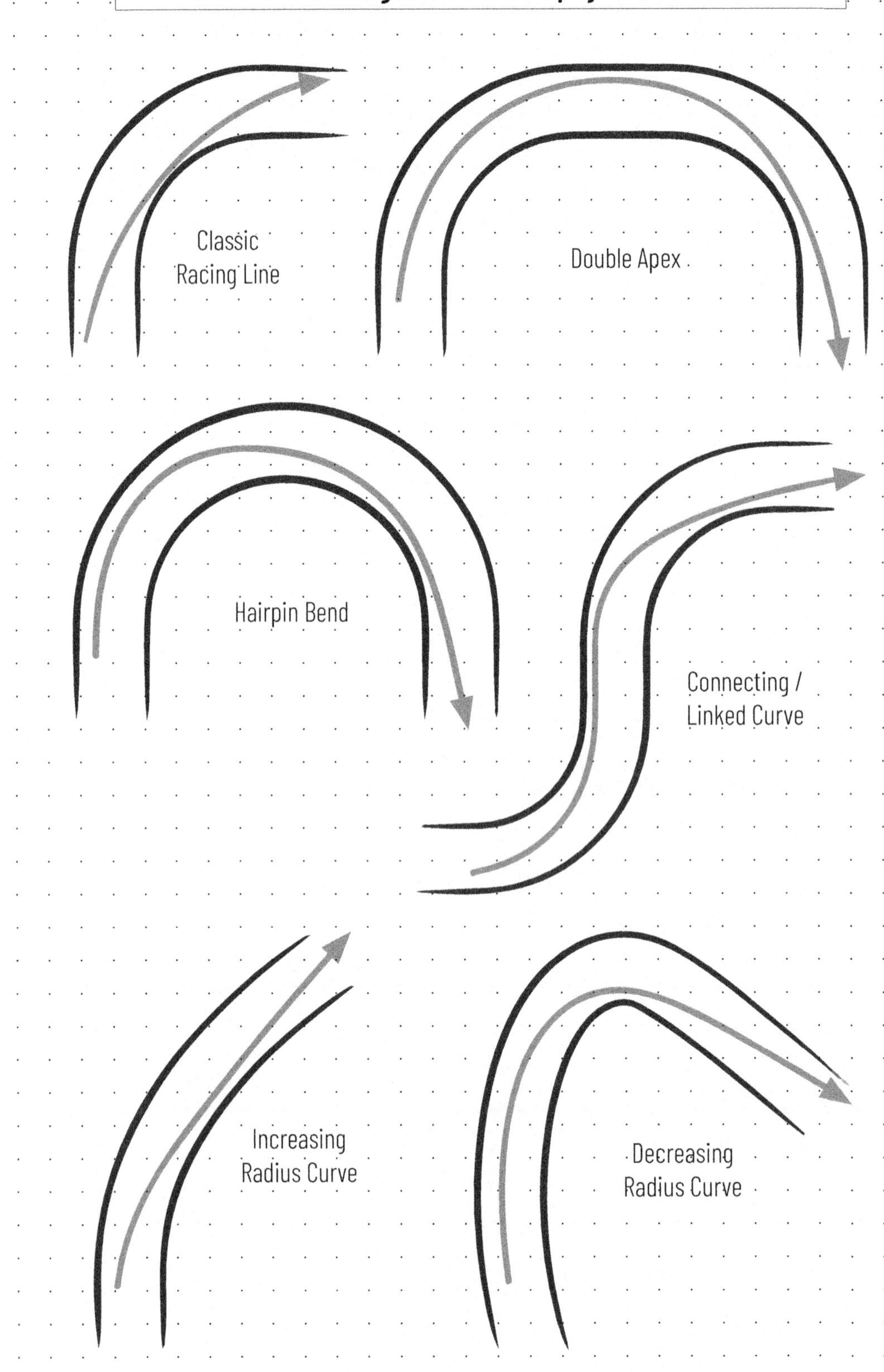

TRACK : CAR CATEGORY : GAME :

My Best Lap Time

NOTES :

Lap Time

Car	S1	S2	S3	TOTAL

TRACK : CAR CATEGORY : GAME :

My Best Lap Time

NOTES :

Lap Time

Car	S1	S2	S3	TOTAL

TRACK : CAR CATEGORY : GAME :

My Best Lap Time

NOTES :

⏱ Lap Time

Car	S1	S2	S3	TOTAL

TRACK : CAR CATEGORY : GAME :

My Best Lap Time

NOTES :

Lap Time

Car	S1	S2	S3	TOTAL

TRACK : CAR CATEGORY : GAME :

My Best Lap Time

NOTES :

Lap Time

Car	S1	S2	S3	TOTAL

TRACK :

CAR CATEGORY :

GAME :

My Best Lap Time

NOTES :

Lap Time

Car	S1	S2	S3	TOTAL

TRACK : CAR CATEGORY : GAME :

My Best Lap Time

NOTES :

Lap Time

Car	S1	S2	S3	TOTAL

TRACK :

CAR CATEGORY :

GAME :

My Best Lap Time

NOTES :

Lap Time

Car	S1	S2	S3	TOTAL

TRACK : CAR CATEGORY : GAME :

My Best Lap Time

NOTES :

Lap Time

Car	S1	S2	S3	TOTAL

TRACK :

CAR CATEGORY :

GAME :

My Best Lap Time

NOTES :

Lap Time

Car	S1	S2	S3	TOTAL

TRACK : CAR CATEGORY : GAME :

My Best Lap Time

NOTES :

Lap Time

Car	S1	S2	S3	TOTAL

TRACK : CAR CATEGORY : GAME :

My Best Lap Time

NOTES :

Lap Time

Car	S1	S2	S3	TOTAL

TRACK :

CAR CATEGORY :

GAME :

My Best Lap Time

NOTES :

Lap Time

Car	S1	S2	S3	TOTAL

TRACK : CAR CATEGORY : GAME :

My Best Lap Time

NOTES :

Lap Time

Car	S1	S2	S3	TOTAL

TRACK : CAR CATEGORY : GAME :

My Best Lap Time

NOTES :

Lap Time

Car	S1	S2	S3	TOTAL

TRACK : CAR CATEGORY : GAME :

My Best Lap Time

NOTES :

Lap Time

Car	S1	S2	S3	TOTAL

TRACK :

CAR CATEGORY :

GAME :

My Best Lap Time

NOTES :

Lap Time

Car	S1	S2	S3	TOTAL

TRACK : CAR CATEGORY : GAME :

My Best Lap Time

NOTES :

Lap Time

Car	S1	S2	S3	TOTAL

TRACK : CAR CATEGORY : GAME :

My Best Lap Time

NOTES :

Lap Time

Car	S1	S2	S3	TOTAL

TRACK : CAR CATEGORY : GAME :

My Best Lap Time

NOTES :

Lap Time

Car	S1	S2	S3	TOTAL

TRACK :

CAR CATEGORY :

GAME :

My Best Lap Time

NOTES :

Lap Time

Car	S1	S2	S3	TOTAL

TRACK :

CAR CATEGORY :

GAME :

My Best Lap Time

NOTES :

Lap Time

Car	S1	S2	S3	TOTAL

TRACK : CAR CATEGORY : GAME :

My Best Lap Time

NOTES :

Lap Time

Car	S1	S2	S3	TOTAL

TRACK :

CAR CATEGORY :

GAME :

My Best Lap Time

NOTES :

Lap Time

Car	S1	S2	S3	TOTAL

TRACK : CAR CATEGORY : GAME :

My Best Lap Time

NOTES :

Lap Time

Car	S1	S2	S3	TOTAL

TRACK : CAR CATEGORY : GAME :

My Best Lap Time

NOTES :

Lap Time

Car	S1	S2	S3	TOTAL

TRACK : CAR CATEGORY : GAME :

My Best Lap Time

NOTES :

Lap Time

Car	S1	S2	S3	TOTAL

TRACK : CAR CATEGORY : GAME :

My Best Lap Time

NOTES :

Lap Time

Car	S1	S2	S3	TOTAL

TRACK : CAR CATEGORY : GAME :

My Best Lap Time

NOTES :

Lap Time

Car	S1	S2	S3	TOTAL

TRACK :

CAR CATEGORY :

GAME :

My Best Lap Time

NOTES :

Lap Time

Car	S1	S2	S3	TOTAL

TRACK : CAR CATEGORY : GAME :

My Best Lap Time

NOTES :

Lap Time

Car	S1	S2	S3	TOTAL

TRACK : CAR CATEGORY : GAME :

My Best Lap Time

NOTES :

Lap Time

Car	S1	S2	S3	TOTAL

TRACK : CAR CATEGORY : GAME :

My Best Lap Time

NOTES :

Lap Time

Car	S1	S2	S3	TOTAL

TRACK :

CAR CATEGORY :

GAME :

My Best Lap Time

NOTES :

Lap Time

Car	S1	S2	S3	TOTAL

TRACK : CAR CATEGORY : GAME :

My Best Lap Time

NOTES :

Lap Time

Car	S1	S2	S3	TOTAL

Printed in Great Britain
by Amazon